I0142036

Alfred Žari
APSOLUTNA LJUBAV

REČ I MISAO
KNJIGA 560

Urednik
JOVICA AĆIN

Sa francuskog prevela
MILICA STOJKOVIĆ

ALFRED ŽARI

APSOLUTNA LJUBAV

Roman

IZDAVAČKO PREDUZEĆE „RAD"
BEOGRAD

Izvornik

Alfred Jarry
L'amour absolu

APSOLUTNA LJUBAV

I
NEKA BUDE TMINA![1]

On stanuje u jednom od krakova kamene zvezde.
U zatvoru SANTE.
Pošto je osuđen na smrt, u kraku u koji se uvode
osuđeni na smrt.
Skamenjena asteroida[2] je, kao odraz zvezda, sa-
mo čekala zvezdani čas da se raširi.
Sunce zalazi u skladu sa pravilom da pecaroš
pred žandarmom uvlači svoje pipke; biciklista i
kočijaš fijakera postaju zaljubljene ženke lampiri-
sa[3]; električar zvezdine ose izvodi potez magnetize-
ra koji, kažiprstom između obrva, poništava imitaci-
ju smrti.
SANTE liči na Argusa, koji je imao stotinu očiju.[4]
On stanuje u zvezdici u jednom od krakova ka-
mene zvezde; čovek je jedan od cvetova-sisaljki na
kraku asteroide.
Poslednji vratni pršljen koji je otvoren – rekao
bi Hekel[5] – otvoren za jedan od poslednjih dana,

---

[1] Semantička inverzija rečenice „Neka bude svetlost!" izgo-
vorene na početku Postanja.
[2] Asteroida: morska zvezda. Zgrade zatvora Sante (završe-
ne 1867) sazidane su na zvezdastoj, panoptičnoj osnovi razgra-
natoj oko središnjeg jezgra.
[3] Lampiris je svitac.
[4] U grčkoj mitologiji, Argus je imao stotinu očiju, koje se
ovde porede sa osvetljenim prozorima zatvora.
[5] Ernst Hekel (1834–1919), nemački zoolog.

naviknut je, kao i svi cvetovi, da izvodi pokret suncokreta.

Prema lampi.

Ćelija je sasvim moderna i nameštena po engleskom ukusu: skroman nameštaj lakiran belo, nežni zidovi.

Na zidovima nikakvog ukrasa, ali je na plafonu okačeno sunce.

Bilo sunce ili mesec, zvezda je: izlazi i gasi se u određeno vreme.

Nikakvo opažanje mu ne otkriva pravo kretanje.

To je nepokretna zvezda.

Ona je otmenija od zvezda svemira: ima svoje mesto na nebu, mesto krune ili sekire, poslednje stavljanje dijademe.

Zove se Zenit.

Nije nastala iz magline.

Petrolej te lampe je čovek.

Da nema nijednog osuđenika na smrt u odeljku za osuđenike na smrt, na kamenom nebu SANTEA bila bi jedna zvezda manje.

Mojsije je lepo rekao da je nebo tvrdo.[6]

Čovek koji se nalazi pod tom zvezdom, ma kakav bio i ma kakve bile *njegove* prilike, jeste značajan čovek.

Stvorio je zvezdu.

On nije astronom: astronomi ih kasnije otkrivaju.

Pre je astrolog: ta zvezda se pali *zbog* njegove budućnosti.

To je čovek božanskog roda.

I iz tog je razloga ili nekog drugog, a najbolji je taj što je to njegovo pravo ime, napisao na vratima:

– EMANUIL BOG.

---

[6] Prema Knjizi Postanjà, nebeski svod bio je od kamena.

Boga je njegova zvezda malo zaslepila.

U Pomorskom muzeju u Luvru možete se zatvoriti u prostoriju sa malim farom koji se okreće na obezglavljenom svetioniku.

Velika vatrena muva ili cvrčak lučonoša[7] u tvrdoglavim intervalima udara u vašu prozirnu rožnjaču.

Trepćete u odgovor ogromnom oku koje trepće.

Srećom je suviše isprekidano da bi pripadalo magnetizeru, i suviše brutalnog svetla da bi bilo varalica za ptice.

Boga je njegova zvezda malo zaslepila zato što bi želeo da spava.

I on gasi dva fara potopljena u more svojih očiju.

Tako guja krije svoj karnbunkul, jedino oko i blago zmije kiklopa, kad ide da se napoji na izvoru.

Emanuil Bog se služi snom, starom Letom, kao privremenom večnošću.

Večnost je suviše nerasprostranjena da bi se držala u zatvoru, čak i kada je prsla u zvezdu.

Zato je, u osvite, mole da sačeka u dvorištu.

Pristanište naspram nje, kao utvrđenje nekog zaliva, pruža oštre lukobrane svojih sutubova pod mostovima ispred grada.

Orfej se diže sa tepiha od krzna, grad prede u podnožju lampe, zvezda koju je stvorio zemaljski Bog pod svodom se pruža, poluostrvo zemlje *u višnjim vodama*, kao oko puža, prema nebeskim zvezdama.

Militantne zvezde prema pobednicama, glava sva u oku stajaćih lampi preklinje da joj se prereže pupčani vrat.

---

[7] Cvrčak lučonoša: fluorescentni insekt, blizak popcu.

Šta znamo nisu li komete, praćene praskom ce-
panja, samo dečje bolesti osamostaljivanja lampi?
Kuse komete su, po mnogima, anđeli.
Emanuil Bog čeka zvezdani sat da mu ode glava.
... Međutim, ako nije ubio, ili ako *nisu dokučili da
je ubijao,* on nema drugog zatvora osim kutije svoje
lobanje, i samo je čovek koji sanja sedeći kraj svoje
lampe.

II
HRISTOS LUTALICA

– Kako se vi izdržavate?
– Nemam ja sredstava,
Kuće ni dobara:
U kesi pet para,
To me izdržava.

Šarl Delen,

*Priče i legende
o dobrom Flamancu*

Korak u unutrašnjost puža.
Jesu li to Mudraci, krenuli ka zvezdi čiji su nadir[10] bile jasle, ili je Aladin, zadužen za dragulje podrumske bašte, došao da ubere čudesnu Glavu?
Ne, nije to čičerone poslednje zore.
Sam je.
Ni neki opat Farija[8] probijač zidina.
Nikakva brazda na staklu zidova.
To može biti samo večni zatvorenik, čije sve reči odgovaraju na upitnike.
I jedini koji primećuje da je uhapšen, zato što hoda.
Ahasfer.[9]
Emanuil Bog vodi dijalog sa utvarom.
Vodi monolog: biće iz legende koje za odgovor ima samo svoju legendu ili tišinu, a ono prvo čuva za sudije.

---

[8] Opat Farija: stvarna ličnost, koja je bila magnetizer, postala je slavni zatočenik u romanu *Grof od Monte Krista* Aleksandra Dime.
[9] Ahasfer: ime Jevrejina Lutalice.
[10] Zamišljena tačka, suprotna zenitu.

Evo Emanuilovog priznanja Tišini:

– Ja sam Bog, ne umirem na Krstu.

Nemoćan sam nad smrću, nedostojan smirne. Mračni Bog, osuđen na međuvreme tajnog perioda, od detinjstva do trideset treće godine.

Možda za taj period ne znamo jednostavno zato što DRUGI to nije želeo – ili mogao živeti *u tom vremenu*.

Nema sumnje da se on otelotvorio kao što sablast krade neko telo u hitnji, dva obrisa prostora, dve granice vremena koje su same dovoljno sabijene za smisao.

Ako nije *u potpunosti* živeo do tridesete *u tom vremenu*, njegovi saživotnici su ostarili onoliko koliko imaju godina, manje taj veliki nedostatak.

Marija Majka Božija ima dvadeset godina manje, podno Krsta, nego Marija Majka Sina Čovečijeg pristigla u predskazani čas.

To je devojčica koja izmišlja bedrenicu[11].

Ja sam Bog, nisam imao detinjstvo.

Novi Adam, koji je rođen odrastao, rodio sam se u dvanaestoj, uništiću se *da ne budem ja taj koji umire* u tridesetoj, sutra! I u svaki osvit ima toliko miliona povremenih Bogova sličnih meni koliko ima hiljada oltara, nebrojenih misa i milijardi posvećenih hostija.

Ne stanujem – oni ne stanuju u telima niti u kakvim dušama. Mi nestajemo kroz uspenje ili uništenje kroz koje se prolazi u tim kućištima. Verovatno se naše nestajanje podudara najčešće s pričešćem našeg domaćina, koji ponavlja Stradanje Isusovo.

---

[11] Bedrenica, fr. *cripagne*: naziv rublja koje je pokrivalo bokove razapetog Hrista.

Najčešće bismo dakle boravili u ljudima u stanju smrtnog greha, da bi nam boravak tu bio dug – ili možda u onima što praktikuju veru ili u vernicima, što je malo verovatno: naš boravak bio bi suviše kratak za razdoblje od dvanaeste do tridesete. Ali godine su relativne, mi živimo u vremenu beskonačno *kondenzovanom*, jedan trenutak nam je dovoljan da u njima proživimo čitav naš život. Skoro bez ikakve sumnje – a ja sa strašnom i željenom sigurnošću – u *velikim kriminalcima* i OSUĐENICIMA NA SMRT, da bismo nestali u trenutku obaveznog pričešća u zatvoru.

Teramo ih na zločin da bismo ispunili svoju *dužnost*, koja je samo potreba koju treba zadovoljiti, taština što nismo evnusi.

Slaboumno dete ili besmrtna duša mrtvaca, koje li je dičnije potomstvo?

U nekoj državi drugačijoj od društva i različitih zakona, radili bismo...

Ne možemo nikako predvideti koja bi, u tom slučaju, bila naša sredstva za život, hoću reći za kraj života, za ostvarenje, kraj Sina koji je Stradanje.

Čovek koga mi zaposednemo ima ubrizganu nauku i suvereno je snažan.

Što će reći da poseduje sve tuđe volje, čak i neživog.

Opsednutost Svetim Duhom ili demonom su, opšte je poznato, simetrične.

Žene koje nas vole obnavljaju pravi Sabat.

Đavoli iz Ludena[12] su nam prvi srodnici.

---

[12] Luden: flamansko mesto gde se 1633. dogodio niz zaposednutosti. Navodno su nečastivom silom bile posednute sve monahinje u jednom manastiru. Đavoli koji su se tada pojavljivali nazvani su germanskim (igra rečima – franc. *germain* znači i rođen od iste majke ili oca) po tome što su izazivali pokrete bliske histeriji (ili ljubavi).

Da bi naša moć bila apsolutna (a jeste), dešava se da, bez antinomije, uživamo božansku Svezaštitu, što znači da se okrećemo, kao magnet ukršten sa magnetnom strujom istok-zapad, u smeru koji zavisi od ritma opšte Sinteze.

Mi živimo od kataklizmi...

Pre nego što se, kao bela zvezda, pojavi zora, koja će mi dati znak da ugodno ili bolno pustim da se istopim kao najmanja bela zvezda, *stvarno prisustvo*[13] moje smrti na mom jeziku, slušajte i razglasite svim narodima...

Ili, za gromkije poruke, stanite, sedite, zatvorite se u svešteničku propovedaonicu i pišite!

Evo Apokalipse veoma vulgarnog.

Priče o jednoj od tih utvara.

---

[13] Stvarno prisustvo: prisustvo Hrista u osvećenoj hostiji. U *Danima i noćima*, Žari već koristi taj trenutak pričešća.

III

O, SNU,
MAJMUNE SMRTI

Uvideti da vam je majka devica
Trideset šest dramatičnih situacija
T<small>RIDESET SEDMA SITUACIJA</small>[14]

Josif je svojim strugom sejao iverje, kao roščiće.
– Paji, kaže neki glas, veoma tih.
I sve što se govori, Josif ne čuje, zato što ne treba da čuje.
– Paji, dete.
Ne spava dete, nego Mirijam.
I iz kolevke ili iz bračnog kreveta, tako glasan ili tako tih – ali Josif ga ne čuje – diže se moćan glas, odgovor glasu male Mirijam, koja uzdiše:
– Gospodaru...
Sa dugom stankom između svakog sloga njenih reči, zbog slutnje da se govori sa Večnošću, nesvesti trajanja, ili vremena potrebnog da se dignu iz mrtvačke jame.
– Hoćete li da mi naredite da savijem ruku? Ležala sam na ruci, pa će mi utrnuti.
– Majko, zašto mi se obraćaš s beskrajnim poštovanjem? Donela si me ove noći na svet. Ja sam tvoje sasvim maleno dete, iako me je napravio Bog. Ženo, postoji samo jedan Bog u tri osobe, ja sam samo jedan Bog u tri osobe, imam osamsto sekstiliona

---
[14] Žari dodaje zamišljeno poglavlje knjizi Žorža Poltija objavljenoj 1897.

15

vekova, sa svime što je u njima, jer sam ih ja stvorio i imao sam večnost kada sam stvorio prvi vek! Ja sam Sin, ja sam tvoj sin, ja sam Duh, ja sam tvoj muž za čitavu večnost, tvoj muž i tvoj sin, prečista Jokasta!

Ali sam sasvim mlad muž u krevetu moje voljene; a zato što uviđam da si nevina, o, mati, ženice moja, počinjem da bivam siguran da sam to zaista ja, Bog.

Čuješ li me sva usnula, Mirijam?

– Ako mi naređujete da čujem, čula sam, Gospodaru.

– Mama, objasni mi...

– Govorite mi kao pokreti mog novorođenčeta *onoj koja živi. Kada sam živa,* ne čujem dobro. Ja sam vaša majka, tada, Gospodaru, i drvodeljina žena.

– A sada?...

– Oh! sada... stvarno treba da budete Bog da biste razumeli sve zračenje mog osmeha... sada, JA SAM DEVICA.

Naterajte me da utonem u dublji san... Sada sam... ono sam što vi želite. Ne ispitujte me, znate dobro da neću reći ono što želite. Ja sam Vaša sluškinja, ja sam...

– Šta, Ženo?

– Ja sam BOŽIJA VOLJA.[15]

Zbog njenog ćutanja ponovo se spušta bajkovito zlato svih skuta.

Mirijam mirno spava.

Mali Ješua-ben-Josif je nepokretan, nag i nem.

---

[15] Na francuskom jeziku, glagol ovde ima dvostruko značenje: biti (franc. *je suis* – jesam) i slediti (franc. *je suis* – sledim).

Pokreti, povici, pelene novorođenčetove nemaju nikakvog smisla, ili smisla koji se *daje*, zato što će ga imati kada ono poraste.

Ono je Idol.

Mudraci su najavili tri žrtve:

– Zlato, Kralju.

– Tamjan, Bože.

– Smirna, mrtvače.

Smirna se ohladila kraj Mirijaminih stopala.

Iz njenog sna udaljava se brujanje platažeja[16] o vratovima kamila, i let vampira, nad peskom koji im turpija nokte, nad talasastim vratovima kamila.

Ofanzivna brana Josifovog struga sabija iverje, kao roščiće.[17]

Kad su mudraci nestali prema svom brdu, Bogomladenac ponovo progovori:

– Spavaš li?

– Da, uzdahnu veoma dalek glas.

– Jesi li dobro?

– Da.

– Dobro si!

– Da! Da!

Osmesi.

– Kada sam bila živa, gušila sam se u grobnici od peska. Sada sam dobro. Ne! Oživljavam! Moje grlo... Naredite mi da spavam, brzo, brzo, dublje...

Živim, umirem!

Emanuile!

Pokrov od jastučnice preko očiju.

– To... tvoja... lepsija, reče ona.

---

[16] Platažeja: naziv za zvono koje se kači o vrat kamila

[17] Iverje proizvedeno radom Josifa drvodelje postaće u poglavljima V i VI male životinje, prava Nojeva barka u detinjim igrama.

Mudraci su tako daleko da smo na devetsto godina od vremena Mudraca.

– Hoćeš li spavati!

....

....

– Spavam. Ona spava.

Ona je mrtva.[18]

Treba da je se čuvate.

Konačno, više nije tu.

Kvarna je to žena... ona *koja je živa*.

Zabošće vam nož u leđa.

– Voliš li me?

– Nemam volje.

Ja sam vaša volja.

– Voli li me ona?

– Beskrajno...

Joj! naredite mi da sklonim ruku!

– A Josif?

– Ako hoćete da ga ubijem, treba samo da naredite.

Nema potrebe da govorite.

Mali odsjaj vaše volje u malom dugmetu malog mandarina koji vam je u glavi.

– To neće biti dovoljno dobro učinjeno. Nemam dovoljno poverenja. Znači ona ga ne voli, Josifa?

– Prezire ga, zato što je vrlo star.

Ali oni rade one stvari, iako je vrlo star.

Samo ako će da radi to sa njom, potpuno joj je svejedno je li lep ili ružan.

On *mene* nikada nije upoznao.

Poznaje samo *onu drugu*.

Ruglo starca je sramotnije.

---

[18] Žari ovde ubrzanim ritmom predstavlja scene koje slede; u XIII poglavlju, „nastaviće" istim ritmom početak knjige.

Juče ti je rekla da više ne spava s njom.
Pre toga su se upravo voleli u kuhinji.
On je strašno zaljubljen u nju.
Ali ona njega ne voli.
Zato što ga vara.
Ti si joj prvi ljubavnik, posle šezdeset drugih.
– Njoj. A tebi?
– Mene niko nikada nije upoznao.
Čak ni ona.
Ja se sećam *nje* i nevidljiva sam *za nju*.
– Ta druga, zašto je poljubila starog carinika u usta?
– To je bilo pažljivo osmišljeno.
Zato što si je ti video.
Gadna jedna bestidnica, kažem ti.
Ali te baš voli.
Posle, više nije smela da gleda na tvoju stranu.
Ali se uvek okreće ka ružnijem.
– A ti?
– Ja, ja sam tvoja volja.
Čini sa mnom šta želiš.
Druga o tome neće ništa znati.
– Istina je da si lepša no što će druga biti kad se *ti* probudiš.
A kad se *ona* probudi?
– Njeno telo će možda sačuvati uspomenu...
Ne treba!
Nikada ti neće oprostiti.
Kada bi znala da je varamo, otišla bi na vrhovima prstiju.
– Ti je možeš privoleti da ostane. I istovremeno joj kazati da joj zabranjujem groteskne šale s carinicima...
Ali kako joj ih zabraniti?

19

– Tvoje zabrane preko mene su baš kratkog veka.

Mogu da te upozorim šta radi pa ćemo razmisliti.

Ali da ona to nikad ne sazna.

– Sporazum sklopljen... Šta to radiš? Šta želiš?

– Moju nagradu. Poljubi me. I... zašto nisi moj ljubavnik u potpunosti, kao što si onoj drugoj?

– Šta bi ona rekla? Ali naređujem ti da zamisliš da jesam...

– Ma dosta! Druga bi poverovala da se to i dogodilo. A sada, mala moja Mirijam, ili bolje Smirno, ti koja si mrtva, vrati se u život pisara.

– Ne želim!

– Probudi se! Ne šta? Kaži već jednom?

– Ne... Ne...

...Nežni leptir.

IV
AOTRU DUE[19]

Kako su ga pronašli u perionici, što je vrsta umi-
vaonika u bretonskoj zemlji, po njemu su mu skova-
li prezime.

I kao što su mu prezime dali po vodi njegovog
krštenja, krstili su ga, na starijem jeziku, po danu
kad su ga našli, što je bio Božić.

Nedelek (Noel[20], Emanuil) Due.

Oni, pisar i njegova žena.

Josif pisar i njegova žena Marija.

Žozeb i Varija, po dijalektu mesta gde su stano-
vali, Lampola u Bretanji.

Zove li se pisar Josif zato što je ime njegove žene
Marija? Ili se ona zove Marija zato što se udala za
Josifa?

To nema nikakvog značaja.

Ne mogu se zvati drugačije.

Tako su se zvali čitavu večnost, pošto su kumo-
vanjem detence koje su upravo usvojili proglasili za
Nedeleka Duea.

Derani iz Lampola, pred predvorjem krštenja, iz
poštovanja prema tom bogatom i gradskom čoveku,

---

[19] *Aotrou doué*: Gospodine, ili Gospode Bože, na breton-
skom jeziku. Ta počasna titula se, između ostalih, davala i pisa-
rima. U istočnobretonskom narečju severne obale Bretanje,
doué je umivaonik. Žari naizmenično koristi ova dva značenja.

[20] *Noël* – franc. Božić (prim. prev).

pisaru, koji *Gospodina* stvara jednim potpisom, ili kao što narod pravi decu; i koji im deli bombone, što je u toj generaciji ono što najjasnije vide, Sina već nazivaju po Matičnoj knjizi:

– Aotru Du.

To je prvo zazivanje svih litanija.

Derani iz Lampola ne razmišljaju dugo o tome. Oni kažu samo:

– Gospodine Bože.

I litanija ide dalje, proročica u sklopljenim rukama zatvorene knjige u kojoj je napisana:

– Pomiluj nas! *Aotrou Doue, o pet truez auzomp*!

V

KANCELARIJA GAZDA ŽOZEBA

Gazda Žozeb...

Kažemo gazda Žozeb zato što su ga na selu zvali „gos'n notaroš".

To bi nas moglo poštedeti opisivanja njegove kuće, učenja spoljašne ploče i tapaciranja vrata sakristije na podestu.

Ali gazda Žozeb je bio pisar po običajima Bretanje.

Pisar tamo označava uglavnom svaku osobu koja piše.

Kada je Lekont de Lil došao u Pariz, predgrađa Rena su zaključila da je srećom bio završio pretpisarsku obuku:

– Ići ćemo tamo da ga vidimo. Gde je ono njegova kancelarija?

U širem smislu, pisar je prirodna osobina ma koga ko ne radi svojim dvema rukama, ili čije ruke osmišljavaju dela komplikovane tričavosti.

A gazda Žozeb je jedva pisao i čitao, ali je imao bogato spremište za kola i konjušnicu, i zatvarao se u kabinet sa prepariranim pticama zbog misterija rasecanja testericom.

Imao je dakle pravo, skoro dužnost da više nema dlaka na svojoj šiljatoj lobanji i obrijanim usnama; i da, kao kapke na dragocenom triptihu (jasnije, po

njegovoj volji: bočno uzglavlje beržere) otvori omi-
ljene besprekorno izrezbarene slonovače.

Gazda Žozeb je dakle dobro rečeno:

– Gazda Žozeb.

VI

GOSPODIN RAKIR

Upravo je u kancelariji gazda Žozeba, ili u trpezariji, počelo obrazovanje malog Emanuila.

Prvi Emanuilov učitelj je sličan mesečevom disku.

On je sav u licu ili pre sav u oreolu.

Njegova kruna, legendarnog pisara, jeste kruna Preteče, koja se ne vidi, poput Irodijadine, *na gornjem delu glave*.

Purpurni, ubrzo modri, deo vrata.

Emanuil sâm sebi ponudi svoj mladi um, da bi ga začinio inteligencijom, *in disco*[21].

On je višestruk.

To je dvanaest tanjira opasanih dvostrukim zodijakom alfabeta.

Okolo ga zapljuskuje nauka, bez izvora i bez kraja, kao Okean oko Ahilovog štita.

Ti alfabeti se mogu čitati od bilo kog slova, a padovima i udarcima Emanuil ih je sveo na kraću jednostavnost.

Učiteljev čas je bio starinski i crn.

Zvezda doktor, u čas kad mesec i noćni leptiri ulaze kroz prozore da bi topili ili goreli svoj mraz na

---

[21] *In disco*: „na tacni", srebrnoj tacni na kojoj je Irodijadi predstavljena odrubljena glava Jovana Krstitelja, Preteče; ta tacna podseća i na tanjire sa šarama, i na Ahilov štit.

25

svećama, silazio je sa visokog kredenca, sa staklaste puti, radi pričešća u razgovoru s bližnjima.

Formula za predstavljanje učenika učitelju i učitelja Gospodinu Bogu sigurno je bila:

– *Ecce corpus Domini...*

– *Domine, non sum dignus...*[22]

– Neću praviti pitanje.

– Posle vas, gospodine.

Emanuil je bio, pored bića suviše smešnih da bi se razgalila uz doboš koji nagoveštavaju bubne opne, njegov jedini slušalac.

Kada se čas završi, na stolu bi prevrtao, pored dvadeset i četiri nastavna zuba iz velikih otvorenih učiteljevih usta, drvenu kućicu sazidanu na brodu, i kroz srušeni krov barke ispadao bi bračni par Noje i razni parovi domaćih životinja.

Pisar, nalik Demijurgu, ređao je svom učitelju zveri koje su se pojavljivale, prema redu iz Nirnberga, iz magline prstenaste jelke.

I pošto bi razmotrio krave i medvede kao višeugaonike na savršeno četvorougaonim postoljima, dok bi sto dodirivao njihovo dno dok ne zatreperi, i saslušao jedva čujne uzastopne padove, Emanuil bi od njega panično zatražio:

– Neka zveri ustanu!

Jer pisar je naređivao i nije stvarao.

Iz kataklizme su nastajala tronoga čudovišta, koje je Gospodin Bog terao na čučanje, kidajući suvišnu nogu, da bi bili stabilni.

---

[22] Lat. – Evo tela Božjeg...
– Bože, nisam dostojan... *(prim. prev)*

Imena su im se razlikovala prema flekama, slučajnostima njihove ortopedije i izgleda koji je bio njihov ishod.

Rakiri i *rastroni*[23] su bila najlepša, njima je i sâm Emanuil zaboravio smisao, ova druga su možda pre bila Ratatrompi, počastvovana Gospodinovim predspajanjem.

Gospodin Bog ih je video dovoljno velikima da bi ih se, pošto ih je stvorio, strašno plašio.

Jednom, ne samo u mozgu.

Kao izgladneo, oklopljen pas upregnut u zvono napuštene kule, što dahće u sedećem strahu prema svom plenu, zvonjava s kule motrilje vetra začula se na pisarevim vratima.

Vetar, sigurno je to bio on, zadržao je svojom velikom čizmom, poput onih na slikama sa Pulčinelom, otvor koji bi, kada bi ga ugledalo, dete želelo ponovo da zatvori.

To nije bio vetar, nego nešto uobičajeniji posetilac.

Zato Gospodin Bog nije bio dovoljno jak da slomi orah.

Nije bio Odin[24] sa dva vuka, nije imao gavrane.

I četiri vuka su grebala njegove pete.

U prostoriji u Barci, prikazivao je njihovu pitomost za novac.

A da bi dokazao da je za nju zaslužno njegovo vaspitavanje, i on je prevrtao malu kutiju na stolu iz koje su šumske zverke pasle stolnjak.

---

[23] Rakir i rastron: reči iz detinjeg jezika; druga se pojavljuje u *Kralju Ibiju* (I, 3).

[24] Nordijskog boga Odina su obično pratila dva gavrana i dva vuka. On će se kasnije pojaviti, a ovde ga najavljuje vodič mudrih pasa-vukova čiji je broj impresionirao dete.

Krvoločnost surovih pasa, koja je bila nalik njihovim zubima, odzveketala je iz zglobova golo meso ručice ukradene od gospodara.

Sa slikom nakostrešene zveri pred očima, krzna slepljenog za njegove trepavice, s njihovim neartikulisanim glasom u grlu, mali Emanuil mucao je dva dana.

VII

TA

Ta ličnost je muškog roda u grčkom Θάνατος, nekoliko latinskih prevodilaca ga označavaju sa ORCUS, što je drugo pakleno božanstvo. Verovao sam da je bolje dati mu prirodno značenje, bez obzira što je na francuskom reč Smrt ženskog roda. To ni u čemu ne menja igru niti kvalitet lika.

OTAC BRIMOA,
Pozorište kod Grka[25]

Kad je imao četiri godine, gospođa Žozeb ga je svakog jutra vodila, sama, na čas *prve godine* u gradskoj gimnaziji.

Preko strmog obronka, koji se može prevaliti samo spiralno, popločanog jarka koji je jezgro navoja, i kojeg su zvali Lajavac.

Potom jednom uličicom, opet vijugavom, gde se ponosio novorođenom sigurnošću svog hoda što sledi ivicu trotoara, za koju mu se činilo da se pruža duž navoja, ide kraj ponora.

Kada bi prošao gvozdenu kapiju, u cvetnoj bašti koju su zvali dvorištem, njegovu usamljenost bi potvrdio oproštajni poljubac *njegove majke*.

Ka Emanuilu su se, kroz dvorište, skupljali ostali prvaci.

Možda zbog sećanja na majčine suknje, zbog toga što je morao da udahne kako bi izgovorio kom-

---

[25] Tom prevoda sa beleškama, za srednje škole, objavljen 1730.

plikovana imena, možda zato što su ti mali zapravo svi bili u plisiranim haljinama za devojčice[26], sve ih je zvao, kada bi, uveličane, prepričavao dogodovštine razreda pisarskom paru: Ta.

– *Ta* Mekerbak, *ta* Ziner, *ta* Gzavije.

I zavaljivao se, da bi odgovarao lekciju, u učiteljičino krilo, jer je to bila dama koja je predavala prvacima.

Gospođa Venel.

Nikada nije znao da li je tačno upamtio njeno ime, ili oličenje svakodnevne uličice koja se završava učionicom.

Znao je da čita i piše tanjire, hijeroglife (kao što sva deca žvrljaju, crtao je čiča Gliše kojima su se istovremeno videli lice i potiljak) ili čitavu večnost, i nikada nije shvatio zašto su ga poslali da ga vaspitava ta uvala.

Tumačio je da je mora smatrati pokazivačicom neobičnih stvari.

Zapravo, radi ugodnijeg prozivanja zabludelih i rasejanih učenika, naoružavala se dugim leskovim prutom.

Nešto kao čarobni štapić.

Kada se nije služila telefonom[27] (jer je radije *pregledala* zadatke tapkajući po prstima belom drškom svog noža za hartiju da se začuje kost, dršćući u periodima istovremenim sa vibriranjem njegove oštrice), bacila bi ga iza stolice među iscepane sveske, u ćošak koji je zvala (Emanuil je kasnije rekonstruisao taj izraz) *Kapernaum*.

---

[26] Devojčice : dečake su u to vreme često oblačili u devojčice. O imenima Mekerbak i Gzavije postoje svedočanstva u *Sećanjima* Šarlote, Žarijeve sestre.

[27] Telefon, jer taj štapić prenosi naređenja na (malu) daljinu.

On je, tog prvog dana, čuo *kofer sa diornom*, što mu je uvek delovalo jasnije, preciznije i raskošnije.

Brzo je upoznao diornise i epiornise[28], preko gravira.

Iz te školske godine nije sačuvao nijednu drugu naviku sem manije, oponašajuće, za drvenim noževima za hartiju, koje je apstraktnije opisivao kao sečiva.

Davao je da mu ih pisar naseče, a ukrašavao ih je i usavršavao sâm, bez sumnje po ugledu na stvoriteljsku testeru, lakomu i živahnu, koju je gledao na njenom postolju od mahagonija, sa testerastim zubima i izdubljenom izbočinom sa zadnje strane, pri vrhu reči đorda.

Klonuo je tokom čitavog jednog popodneva od radosnog bola, golog trbuha pred svežnjem šiba užasnog prizora Oca Bičevatelja.

I gledao je dobar deo večeri, mučiteljski štap koji je mlatio, sa divana na kome su mislili da je zaspao, svog druga Gzavijea, čiji su roditelji navraćali kod pisara.

A najupečatljivije sećanje iz prvog razreda šematski se oslikalo u Gzavijeu, crte zaboravljene da bi bile zamenjene obrisom jednog G koje bledi, na vratima pogreba, crni zastor pod ljudskim glavama:

Ta Mekerbak, *ta* Ziner, ta...

TA Smrt.

---

[28] Epiornis: dve nestale vrste džinovskih ptica otkrivene u XIX veku.

VIII

ODIN

Kad je imao petnaest godina, gospođa Žozeb je (njegovo pamćenje nije čuvalo baš preciznu sliku *njegove majke* pre tog vremena), dok je bio na raspustu, išla da ga vidi kroz šumu paprati.

Kako u pisarevoj kući nije bilo sobe koja bi zadovoljila Emanuila mladića, Žozeb je pariskom studentu za njegova dva slobodna meseca pružio stan na jednoj od njegovih farmi koja je, kao i većina farmi, bila tako prostrana da bi na njoj moglo biti nekoliko zamkova.

Usred parka, na brežuljcima.

Obrađeni brežuljci i dolina prema moru bili su, klasično, nalik nekim somotskim radnim pantalonama, šarenoliko skrpljenim, raširenim da pokažu svoje parčiće.

U dnu rascepa, šuma kestenova koji pokrivaju korenje papratima.

Varija je, na svom silaznom putu, sretala samo biljke i životinje.

Sve strašne.

U polju, pred padinom, žutilovku[29] čiji su zlatni cvetovi stajali, s kamenom umesto metala, na smaragdnim iglama.

---

[29] Žutilovka: ime bodljikave žutice u dijalektu.

Žukovinu koja je dobroćudnija, ali veštački utvrđena pčelama.

Trnje otupelo od sunca obnovljeno velikim kopljima vatre iz pepela paše.

Pomno oklopljene babure.

Jelenke koji od žalosti pljuju njihovu krv kao kad prska svež mozak.

Trnje i plamen, kako brdo strmo naglašava svoj pad, smenjuju mačevi perunika, britke trave i vrpce zamršenog korenja.

Nije bilo vidljivih žaba, nije čula njihovo pljuskanje u barama, još nije bilo vode.

Trave i zemlja podražavali su kreštanje životinja.

Kao što bi šljapkao sunđer kada bi voda, poput brojanice koja je beležnik smrti princa Perviza[30], postala bolest od tečnog ugruška.

Varija je hodala kao da je na velikom starom krevetu, koji stojeći na jednoj nozi oslobađa sve škripe, zatočenice zidnog drveta ormana.

– Emanuil nije na farmi, otišao je do mora.

Seljak se, pošto je dao obaveštenje, vraća kući, a Varija u pokrivenu pustinju.

... Onda paprati, buketi sablji poravnati u herbarijumu, raspoređeni po *veličini*; kao raširene ruke, koje se dakle mogu sklopiti; kao lažna bojna kola koja se ne mogu voziti, nego krase unutrašnjost hodnika-zamke kroz koji smo prinuđeni da prođemo.

I kao što je, sav mišićav, zvončić hobotnica prekrivena krastama.

Koje nisu kraste, nego spore: tehnički, sporangije u opni.

---

[30] Perviz: princ koji je vaskrsao u *Hiljadu i jednoj noći*, pomoću vode koju je prolila njegova sestra.

Bezopasne.

Ali vidljive.

Strah *koji se ne može smetnuti s uma* dolazi od bezopasnog dekora.

Onda, u stalcima od mahovine, pod hrastovima, čudna jaja vučje puhare.

Varija se usudi da zgazi na jednu od malih mešina otrova, nežniju od veđe.

Da li jaje Ruha-Smrti[31] treba slomiti debljim ili tanjim krajem?

Setila se da vučja noga[32], u pozorištu, bukne da bi se neko pojavio ili nestao kroz otvor u podu.

VUKOVI.

Sigurno trčkaraju po suvom lišću.

Po zemlji je samo mahovina.

Ali kad bi bilo suvog lišća, čulo bi se kako trčkaraju po suvom lišću!

U šumi bez sunca je jednako teško izbeći Strah kao i neku zatvorenu kuću.

Paprat je spoljna izbočina pećine, koja prikazuje sva pećinska čudovišta.

Vuci na njoj ne bi dobili posekotine na šapama, naježenog čupavog krzna.

A njihove čeljusti su mnogo zubatije od svih paprati, iako nemaju kraste na zubima.

Biljke koje grizu međusobno se ne jedu.

Varija se nije okretala.

Bila je toliko sigurna da su tu iza nje.

Pod svodovima dve aleje u šumarku, njihovo krzno i zubi pred njihovim oblikom u senci.

---

[31] Ruh: čudesna ptica koja donosi smrt pojavljuje se tokom Sindbadovih putovanja u *Hiljadu i jednoj noći.*

[32] Cvetovi vučje noge sadrže prah koji se u pozorištu koristi za imitaciju munje. Različita značenja reči vuk smenjuju se u nastavku poglavlja.

Kao par trepavica iz dva velika oka.

Ona trči.

Ali već je stigla.

Emanuil je u cariničkoj kućici, na rubu niskog zida oko grebena.

Kućici podeljenoj na dve kabine, kao kotlarnica lokomotive i njen uspravni dimnjak.

Mala stražarnica od kamena bez cementa, jedna od njih je prazna šupljina, puškarnica nad morem.

Očna duplja koju je carinik oduzeo da bi u nju smestio svoj pogled, po uzoru na raka samca, koji iseljava školjke – da bi u njih stavio nešto drugo.

Druga ćelija je duboka i ravna, krevet sa kamenim prekrivačima, od kojih je gornji obrastao morskom izmetinom.

Uprkos tome što je kolibica tesna, Emanuil se Variji prikazao stojeći, ogrnut mantilom koji je veliki kamin od ružičastog granita.

Pod mantilom. On je vatra.

Kaminski štitnici, desno i levo od njega, skroz su ofucani, gvožđa izlizanog od vatre.

U stvari je bio samo jedan štitnik, osorni vuk, iz profila, koji sedeći jasno pokazuje zube i krznašce, sa samo jednim okom nalik rupi između njih.

Suviše je simetričan da bi bio sam.

Njegov blizanac[33] ulazi kroz čudnovato daleka vrata: trpezarija u opatiji svetog Mihajla bila bi proporcionalna veličanstvenom dimnjaku.

Drugi vuk uvodi Variju za haljinu, vunenih skuta zakačenih iglom[34] njegovih zuba.

---

[33] Blizanac: tako se uspostavlja par Odinovih vukova.
[34] Igla kojom se kači kraj haljine.

A Emanuil, izlazeći iz ognjišta, onog što osvetlja-
va sobu, i obraćajući se prvom vuku kao režanje raz-
goropađenog psa ovčara, reče:

– Gospođo, sedite na druga.

Varija, kao probuđena, prepozna, pomalo uža-
snuta, dva vuka od crnog dijamanta, kao i to da ni-
kada nije ni bilo drugih, pod dve Emanuilove obrve.

IX
OD ZELENE BOJE DO
PROPASTI VELIKE LASICE[35]

„A pošto su njegovi demoni vodeni,
preterano su lascivni."

SINISTRARI *O demonizmu*

Iz svoje osmatračnice, Emanuil je gledao Variju kako dolazi.

Ne putem, ni preko polja.

U sećanju.

I vidi je mnogo sigurnije, otkrivajući je čak i pre nego što bi se pojavila na vidiku i premda je bio okrenut leđima, a pogled mu kroz puškarnicu bio nad morem.

Pariz. Zima.

Gospodina Rakira i gospođu Venel je nasledio Kondorse.

Kad oseti malo nostalgije za morem, gospodin Bog ide do vitraža na železničkoj stanici San Lazar koji, po svetlu, veoma liči na akvarijum.

Nema potrebe da razbija staklo.

Njegova majka podiže vratnice od tečnog kristala i kreće ka njemu, na raspustu.

Vrlo brzo je prestao da je smatra svojom majkom.

Dolazila je suviše nalik sireni.

I čekao ju je u suviše fosforescentan čas.

---

[35] Ovaj naslov je izveden iz heraldike, discipline koja je Žariju draga. Velika lasica se pojavljuje na grbu Bretanje.

Posebno je uviđao da mu nije majka zbog njenog prestrašenog izgleda u električnim zracima.

Majka treba da bude zaštitnica.

Noćna svetiljka se ne boji drugih lampi ni zvezda.

Supruga pisara iz Lampola je bila iz oblasti u kojoj se, kad sunca više nema, ljudi snalaze tako što gvozdene svetiljke drže na uzici, kao što to čine oni noćni leptiri što uplašeno nose čudesni i strašni plen sopstvene svetlosti.

A njena glava odavala je neprimetno, ali s neizbežnom sigurnošću, oscilacije kojima počinje opčinjenost plamenim staklima.

Ali tako nije pozlaćivala dlačice svilca u svom belom mufu.

Skliznula bi sa brzog talasa koji se iz krzna presijava kao dermestida[36].

Ili kao glava pauna, neodlučnija od belouškine, jer ćuba od staklene vune povećavanjem svoje amplitude registruje njeno drhtanje.

Emanuil je tamo, među ružičastim vresom, posebno prepoznavao nagoveštaj klizača na ledu, heraldičke zverke.

Velike lasice.

Možda ju je bilo strah od njega, gimnazijalca sa držanjem narednika.

Strah od mrlja?

Velika lasica je veoma prljava životinja.

Ona je samoj sebi dragoceni prekrivač, ali kako nema drugi da presvuče, pere ga svojim jezikom.

Gargantua ju je definisao:

– Gušče koje ume da produbi.

---

[36] Dermestida: insekt iz reda koleoptera čija larva uništava krzno.

Ali „martovska mačka" će ga izgrebati, jer turpija kandže samo za druge velike lasice.

Onog dana kada je Emanuil prestao da Variji govori mama, nego: gospođo, predložila mu je, na izlazu iz Kondorsea, „fijaker po šumi na sat", ili salon za ručavanje.

Što ga uopšte nije podsetilo na incest, nego odmah na oživljavanje pisarke.

– Svakako, izabra on, sa slatkovodnim račićima.[37]

Varija je bila pripremljena za salon za ručavanje u salonu čitaonice u Lampolu.

Bilo joj je važno da dâ pet franaka kočijašu, bez sumnje da bi kupila njegovo ćutanje.

U tom slučaju, morala je da nabavi kod menjača sitniji novac, ali zlatnike.

Kako dolikuje, nisu se *zajedno* popeli uz hotelske stepenice.

– Postavite za troje, mladiću, *nastavljala* je gospođa Žozeb. Da nije dolazio jedan gospodin u godinama...

– Sa odlikovanjima, uzdahnu Emanuil.

– ... Da nas traži? Da traži jednu gospođu i gimnazijalca? Čudno da još nije stigao. Mladiću, postavite za troje. Čekaćemo ga.

– Dok budemo jeli, predloži Emanuil.

Jeli su vrlo malo i nisu se uopšte voleli, jer su bili počašćeni potpuno novom peći na gas.

Gospodin Bog je okađen lakom.

Odvažili su se na brzi poljubac – dok su im sabirali račun.

---

[37] Slatkovodni račići: u jednoj popularnoj pesmi iz tog vremena, provincijalac ždere slatkovodne račiće pred mladom ženom koja ćuti.

To je bilo sve.

Pritom je tu bio i divan.

Varija se na njemu fino pružila napola, pokazavši jednu putenu podvezicu, iznad onih koje su joj držale čarape.

Ali gospodin Bog je još samo gimnazijalac.

Velika lasica ponovo kliza po vresu.

Gospodin Bog danas ne ruča u trpezarijskom salonu.

Nalazi se u cariničkoj kućici, koju smatra ničijom, pošto carinik nije tu.

Kod kuće je.

Pripremio je neobičan obrok, stvorivši iluziju da samom sebi prinosi žrtve životinja ili žrtvenog hleba osvećenog oblika, u hramu slobodnog kamenja.

Ispraznio je svoju Nojevu barku.

Kolač u obliku ježa sa bodljama od badema, iako zna da su kolači *koji nešto predstavljaju* gadni.

Dobro shvata da će najpre jesti dezert.

Kjanti u laganoj flaši, zarad zabave pune slame i ulja.

Marinirane ostrige, zato što su sramne kad se gledaju.

Smestili su se ražani hleb i suvo grožđe.

Zlatni falus kobasice od guščije jetre.

I pošto je carinikovom skloništu nedostajao sto, prostro je po podu, da bi smestio svoju faunu, presahli potop stare geografske karte.

Ne vidi da se Varija plaši vukova.

A pritom, on upravo *njima* gleda.

Primetio je ulazak fine zverke u kameno skrovište.

Smatrao ga je mnogo prikladnijim za nju od neke kuće.

Najpre su se igrali večerinke, sedeći jedno kraj drugog na morskoj izmetini.

Ne mogu da ustanu, ćuba Varijine šubare otkačila je iz spuštenog krova gomilu malih životinja, u ono što su jeli.

Gospodin Bog ima mutnu svest o tome da je njegova *vučja glava* od onih stvari s kojima ne treba da bude igračka-plačka.

Ona je *odistinski*.

Gospođa Žozeb podiže ruke, zabavljena izravnanim plafonom koji ih prisiljava da budu u krevetu; i kako nema gde da ih pruži prema kupoli, niti snagu da podigne kupolu, napravila je od njih dve male lasice koje švrljaju posvud, istražujući, posle karte za užinu, Emanuilovu geografiju.

Već je digao zelene guštere u svojoj košulji.

One bele zmije koje prekopavaju su mnogo udobnije.

Zagrejali su ih pre nego što su ih stavili... negde drugde.

Ali gospođa Žozeb je otkrila da njen mali gimnazijalac više nije u svemu gimnazijalac.

Ponosio se na način na koji ni senilni pisar ni nekoliko pomoćnika – službenici!– nisu mogli naslutiti da je moguć.

I vitka zverka, pred nemani masivnijom od nje same, beži preko zacrvenele ledine.

Sudara se, već na pragu, sa vizijom visoke siluete sa zelenom kapuljačom.

Dopunjavajući se.

Carinik, pravi, koji je došao da uzme natrag svoje skrovište.

Bez ikakvog oklevanja, tako brzo da se pokret završio pre nego što je Emanuil sebi objasnio razlog

41

pokreta, baca se oko vrata loše građenog muškarca koji smrdi na vojnika.

Kao jedan od koraka njene male potpetice, koji bi se bez oklevanja spustio u – baricu, poljubila ga je ustima posred usta.

X

UZ PRITVRDU PEČATA KRALJEVSTVA[38]

A uveče, dok je pisar ljuljuškao svoje sate za varenje, po običaju, u svojoj zabačenoj radnoj sobi, do zore, natovaren flašicom svetlog alkohola, uz cvrkut testere među arabeskama šume mahagonija koju ubija i oživljava, Emanuil i Varija su se, bez reči prelaza ili objašnjenja, ponovo videli.

Ako su im se usne prilepile, kao neki insekt za sebi sličnog sa druge strane ogledala, bilo je to zato da bi sačuvali – za neko drugo mesto – klonuli pad tela.

A ako su ih njihove ruke okruživale turnejom milovanja, to je bilo zato da bi obgrlili stvarnošću neverovatnost svojih prisustava združenih do zgušnjavanja, koje se ne može izbeći.

Prema onome što se nisu usudili, što im je savetovalo šaputanje mora između dve školjke kreveta od krečnjaka, sledili su hir koji su čuli u navojima pisarove ptice, izrezbarenog kljuna.

Oni su dve pitome i zimogrožljive bele zverke, pošto nema ničeg tako belog kao što je najzimskije krzno životinja koje se ne mogu svući, ako to nije ljudska koža, ispepletana u skrovištu od ružičastog vresa.

---

[38] Završna rečenica kraljevske počasti koja se ukazuje nekoj knjizi. Može se pronaći u Rableovoj *Trećoj knjizi.*

Varijin mantil ih je obmotao.

Što će reći da ona više nije obučena u njega.

I da bi Emanuilu sada bilo hladno, bez pokrivača.

Glave velikih lasica, njuške zagasito crvene od vresa, vrebaju među busenjem, naoštrene, radi odbrane.

Oprez male zverke bi odagnao čak i Žozebovu ljutitost, kao što bestidnost deteta odvraća prolaznike.

Ima i onih, istina je, koje tera da se osvrnu.

Varija je bela samo od vatrene beline devojčica koje predstavljaju širenje Golfske struje.

Cvetovi piju sa prskalice toplih talasa, u iluziji tropskih krajeva.

Bela je kao svi obojeni kamičci koji su bledi.

Beli topaz, ljubičasto-crveni rubin, mrtvi biser, u izmešanom prahu.

Plodovi Aladinovog vrta koji ne bi bili zreli.

Ako deluju zeleni, to je zato što je nebo pomračeno grimizom.

Kosa je crna do biskupski ljubičastog.

Postoje morski biskupi[39], koji puštaju da im se ametist istopi u poljupcu koji potvrđuje talase.

Koža bi bila smeđa, uprkos tom kontrastu, bez strogog odsustva krznašca, kao umiveni obluci i izvajani torzoi sirena.

Kada je obgrlila Emanuila, njena pazuha su zatreptala majušnim trepavicama koje izgledaju kao da isprobavaju u zraku svoju četkicu za sepiju.

Inače, to su školjke morskih zverki.

---

[39] Morski biskup je morsko čudovište koje unekoliko izgleda kao da nosi mitru na glavi. Žari je reprodukovao jednu staru graviru koja predstavlja to čudovište u broju 5 svoje revije *Imažje*.

Mrtvi biseri...
Gospodin Bog obnavlja ogrlicu.

Emanuil je prošao kroz vitraž – udarcem glave, klovn u skafanderu – akvarijuma na železničkoj stanici Sen Lazar.

Gimnazijalac koji je dolazio u posete za raspust je porastao, posle Kondorsea.

Visok je koliko i Varija, koja deluje kao nežna zverka naročito zato što je velika.

Ipak deluje manje velika nego kad je kraj pisara kepeca.

Kada su im se usne ugrizle, i odmah se rastali da bi u očoma kontrolisali svoju blaženost, njene grudi su otisak njegovih grudi.

To su dva trougla koji se tačno mogu staviti jedan na drugi.

Pošto gospodin Bog ima nasledno pravo na pečat Trojstva!

Razdvojili su se kao što se otvara knjiga.

Poput belih bakenbardi u pisara, ali ih on ne spaja.

Posmatraju se.

Varijini prsti pipkaju iza Emanuilovih ramena.

Pokušava da dešifruje gde se uobličavaju krila Ljubavi.

Njihov let je možda tako brz – kao let *macro glossae fusiformae* i *stellatarum*, probodenih u vitrinama sobe, na kojima se vidi samo izmaglica.

Ali iznenada nešto crno – banalnost ili fatalnost diska senke kada završi fiksiranje sunca – kao dvostruka flaša iz koje se sipa, izručuje Emanuilove zenice u Varijine zenice.

Okružuje je Ljubavlju koja je Strah.

Varija drhti kao pod snegom, u noći u kojoj se može videti crni sneg.

– Odlazite! Preklinjem vas! Pustite me da *zaspim sasvim sama!*

Šta sam vam učinila?

Njen glas se guši do gugutanja.

– Smilujte mi se!

Isto tako govori jedna druga Knjiga kada se otvori:

– *Aotru Due, o...*

Smilovati se, za Boga, to bi značilo odreći se svog božanstva.

Ali strašno se plašimo kada je tu.

Iz Straha se rađa, kao instinktivan pokret odbrane, najstrašniji protivnik gospodina Boga.

Ono što mu može biti najneprijatnije.

Gospođa Žozeb u njenom apsolutnom obliku.

– Kod kuće sam!

Skače prema jednoj od zidina.

On odlazi ne rekavši da pored ptica napunjenih slamom i osušenih ramova sa insektima – cvrkut i zujanje žive, tamo, u nepokolebljivom listanju koje secira Izučavanje – postoji kod pisara i komplikovana viteška oprema sačinjena od egzotičnog oružja.

Trgla je prvi bodež koji je pronašla.

Handžar čija drška nije u obliku krsta, nego kao viljuška-antena klavikornog skarabeja.[40]

– Odlazite, ili ću vas ubiti!

Pred zverkom koja, kao od majke rođena, preti da ubije svojom žaokom, Emanuil je ponovo video – u jednom treptaju oka – detinje i božansko radovanje čudovištima koja su stajala na pisarovom stolu.

---

[40] Klavikorni – insekt čije su antene u obliku buzdovana.

On se još sprema da protrese sto.

Malenim dahom.

Nečim što je manje od daha.

Vetrom svojih trepavica.

Jer je prvi put primetio, sa neobičnom bistrinom, *čega* se Varija plaši.

Tako smo jaki kad smo sasvim goli, bez ijednog pokreta, pred bodežom koji lebdi.

Jer biće koje maše oružjem treba da prizna da je dosta slabije od vas, kad uzima sečivo u pomoć.

Oni su bezopasni, jer ih je *dvoje.*

Ili smo pijani, i sanjamo, jer ih vidimo *duplo.*

Emanuil je siguran u odlično samopouzdanje koje se mora imati, ili koje *on* mora imati, pod sečivom giljotine, u neverovatnosti njegovog pada, čak i kada *trenutno* klizanje *počne.*

Jer:

– *To vam se još nikad nije dogodilo.*

– *Takve stvari se dešavaju samo jednom u životu.*

– Jesmo li sigurni da će se zakon slobodnog pada još jednom potvrditi za teg sečiva?

Sasvim nag, ukrućenih ruku, Emanuil se razapinje na krst na razmeštenom prekrivaču na krevetu, ali je pustio – o, tako nežno, dva crna Mutavca iz svog pogleda.

– Paji, šapuće on.

Varija pada.

Padajući, udara.

Ali handžar više ne sluša hipnotizera.

On je poput konja bez uzdi.

Ne voli da sabija izdužena tela.

Zabija se između Emanuilove leve ruke i grudi, u tkaninu istovetnu pluti u vitrnama drugih skarabeja, sve do balčaka.

Onda Emanuil iskliznu iz kreveta i, stojeći, nalaktivši se na uzglavlje, posmatra agoniju na čiodi.

Varija tapka, pokretima mesečara, po tom mestu.

Povlači bodež i pušta ga da padne.

Da bi raskrčila.

Traži, isto kao što je tražila krila Ljubavi.

Mesto je prazno, kao sedište fantoma iz pozorišta.

Tron na kome ne sedi Niko.

Neko.

Jedan od Nekih.

Usred pisareve posteljine, sveže uskrsle od svih provincijskih lavandi provincije iz herbarijuma ormara, gospodin Bog spljošti[41] svoj pečat.

Z.K.G.O.

Podsetnica, sa presavijenim uglom.

Trojstvo stavlja svoj Trougao.

---

[41] Spljošti: zaravna. Skraćenica Z.K.G.O. znači *zbog korišćenja godišnjeg odmora*. Presavijeni ugao na vizit karti se ostavljao da bi posvedočio da je neko tu prošao; Žari u tom presavijenom uglu vidi trougao, simbol Trojstva.

XI

ET VERBUM CARO
FACTUM EST[42]

> „U početku beše Reč... i videsmo sla-
> vu njegovu, slavu kao Jedinorodnoga od
> Oca, pun blagodati i istine."
>
> Jevanđelje po SVETOM JOVANU

> „Te tako usta nisu otvorili, a zafrke-
> stili da je sve prštalo!"
>
> RABLE, *Pantagruel*, III 19

Tako je od usnulog pisara gospodin Bog izvukao Mirijam.

Oni *ponovo proživeše* Mudrace i jasle, sve dok je nije probudio, kažiprstom između obrva, ako možemo reći da čioda, između pliša njegovih velikih krila, „budi" leptira iz života njegovih snova u život prema *etiketi*.

Mirijam prizva sebi sličnog-po-metamorfozi:

– Ne želim... ne... nežni leptir!

Da bi predsedavao rađanjem gospođe Žozeb, iz nje same.

Gospođa Žozeb – Varija, Druga, pisareva žena, uopšte ne liči na Mirijam.

Nije tako mlada.

Ima dvadeset pet godina, po krštenici.

Mirijam ima petnaest.

Ali ni Varija nije tako stara.

---

[42] Naslov („I reč postade telo") potiče od svetog Jovana, kao prvi epigraf.

Mirijam rado priča o *svojim* avanturama koje su joj se dogodile pre sedamdeset dve hiljade godina.

Kad ste tako stari, to više nisu godine.

To je umetnost.

Gospod Bog je, stvarajući Mirijam, bio vajar Venere koja je došla u godini Prvoj našeg dvadesetog veka bez te mane, koja je bolji znak starosti nego opadanje kose, kao i mane ruku.[43]

Gospođa Žozeb je u svakojakim stvarima manje od Mirijam.

Posebno, manje lepa.

A to *manje*, koje podrazumeva poređenje, nema za Emanuila nikakvog smisla.

Jer je po drugi put primetio da njegove dve ljubavnice, ili pre njegova ljubavnica i njegova žena, uopšte ne liče jedna na drugu.

Mirijam je plava.

Varija je smeđa.

Razlika odviše paradoksalna da ne bi bila umišljena u njegovoj glavi.

Ali je stvarna.

Sam Žozeb ne bi prepoznao svoju ženu u Mirijam.

Bio bi zadovoljan što zlato podareno Kralju-Bogu sija na glavi žene koju ne poznaje i što nije na njegovom čelu bračna račvasta traka šafranove boje.[44]

Gospodine Žozeb, eto zašto je ona koja nije vaša žena – žena Boga! – plavokosa.[45]

---

[43] Aluzija na Milosku Veneru, čija je Mirijam poboljšana verzija, pošto ima ruke.

[44] Dvostruka žuta traka obavija čelo supružnika u nekim jevrejskim tradicijama.

[45] Varijacija čuvene replike iz Molijerovog *Médecin malgré lui*, „Eto zašto je vaša ćerka nema."

Sklopljeni kapci, poput sklopljenih ruku, skrivaju joj trepavice.

Kosa postaje glatka i beži pred čelom zbog krutosti potiljka, koji je vuče pod tkaninu.

Čitavo lice je veoma izduženi oval od ćosavog voska.

Statua.

I ako podignete kapke, nećete pod njima naći više zenica nego što biste ih pronašli da otvorite dve sise.

Belina – poput mleka ili skeleta – očiju.

Statue, od vekova epilirane *čak i tamo gde nije ni bilo dlake*, ostavile su vekovima kao milostinju staklene perle optočene njihovim zenicama.

I eto zašto je vaša bivša žena plavokosa.

Zlato podareno Kralju na posmrtnoj glavi Smirne.

Ali evo gospođe Žozeb gde se budi.

Nos se bora kao njuška kad šmrkće, reklo bi se da ga golica krzno.

Oči, posle poletnog napora kapaka, prave najezdu crnaca na bledom licu Druge – kao mehanički položaj okica, da su manje lepe – šire se i čude.

Crno-plave trepavice se bokore.

Toliko buja kamenika na mrtvoj Veneri, da se mermer razvrstava u ćelije i remek-delo više nije ništa do meso.

O, očaja Pigmalionovog[46], da nije bio bednik, koji je mogao stvoriti statuu koja nije bila ništa do žena!

Gospodin Bog nije tako običan.

Ili to više ne bi bio gospodin Bog.

Vratiće Adamu rebro koje mu je bio uzeo.

---

[46] Žari se zabavlja izokretanjem grčkog mita o Pigmalionu, kome je uspelo da mu statua postane živa žena.

51

Oglodanu kost, barem.

Tako bar misli gospođa Žozeb.

Životinjica koja sedi (žena, čak i velika, kad je sasvim gola, uvek je mala životinja), lica posve raširenog pokretom sklapanja teških kapaka, koji otkrivaju svoje plave pramenove kao još jedan par od najtežeg damasta, kratko, suvo, kaže:

– Ah! Bože moj!

Njen.

Ne misli na vokativ Emanuila.

Rekla bi: Emanuile, ili ime neke ptice.

Govori o nekom svom Bogu.

Bogu gospođe Žozeb.

Svih gospođa Žozeb.

Kao što kažu:

– Psiću moj, krojačice moja.

I

– Mužu moj.

„Mužu moj" ipak otvarajući usta dostojanstvenije.

On sadrži, jer ih on plaća, i psa i krojačicu.

One mu „pridaju veću važnost", kao što klinac pomoću šerpe komplikuje rep neke pudlice.

Taj Bog nije interesantan.

– Šta će reći moja služavka?

Još jedna jedinica, iste vrste, koju sabira.

– Besmisleno je da tako gubim vreme!

Emanuil Bog je zaboravio da je obavesti da vreme uopšte nije potrošeno, ni njeno ni od drugih, već nekoliko kubnih metara večnosti.

– Koliko je sati?

Zatim, sa svim iznenadnim zemaljskim mržnjama:

– Upravo ste me uspavali!

Emanuil se pita je li ona dostojna govora ili ne; mora li da izmisli ogledalo da bi joj pokazao Drugu – Mirijam! – ili da porekne.

Odlučuje se za najsigurniju laž naspram inferiornog, ili Relativnog.

Priznaje joj Apsolutno.

– Imali ste, ne znam zašto, nervnu krizu.

Hteli ste da me ubodete bodežom – evo pete – mali trougao je baš jasan u tkanini.

Imam običaj da *svoje* mrtve beležim u poslovnim registrima...

A kako sam ja taj koji ućutkuje nevaljalu decu, poslao sam vas da pajkite.

– Vi ste to učinili, vi! Pa vi ste ludi.

Oh, obožavam te. Uspavaj me opet. Pajki, kaži?

Ma ne! Pričate mi priče.

Žene se uspavljuju samo u romanima i u bolnicama.

Dokaz...!

Šta radimo kad... jer si sanjao tu priču sa ubodom nožem.

– Draga moja, mi...

– Vidiš! Nisi... se promenio, i... hteli biste da me uverite da spavam već dva sata.

Ona drži svoj „dokaz" i neće ga više puštati, sve dok bude u stanju da nešto dokazuje.

Pronašla je muškarca.

To joj je mnogo prijatnije od nekog Boga.

Emanuil odbija da kaže bilo šta.

Uzima natrag od Adama svoje rebro, onog koji je pisar.

ET VERBUM CARO FACTUM EST.

– *Et habitavit*[47]?

– Upravo tako.

---

[47] Nastavak rečenice svetog Jovana koja je data u naslovu poglavlja: *i nastani se među nama*. Latinski izraz može imati opsceno značenje.

XII
PRAVO NA LAŽ

Varijin polni organ je naočnjak od maske.

Oči gospodina Boga su visuljak na njegovom odelu, čak i kada je potpuno nag: njegova *vrata telesnog* prema Istini.

Postoji samo jedna Istina.

I bezbroj, tačnije čitav beskonačni niz brojeva – svih brojeva koji nisu Jedan – stvari koje nisu ta Istina.

Količina postojećih i mogućih laži piše se

$$\infty - 1 = \infty$$

Niko ne može imati tu Istinu, jer je Bog taj koji je drži.

Emanuil Bog ili onaj Drugi.

Oni sprečavaju harmoniju lepe univerzalne Laži, bez pukotina.

Oni su pol Laži, koja je žensko.

Taj pol je polje udovice, toliko da su zadržali svoju Istinu za sebe.

A kako nema praznog, uvek se prelije ponešto, što po definiciji uopšte nije Istina, u polje za Istinu.

„Pol[48] za Istinu", ako ispisujemo život te galantne Dame.

---

[48] Pol znači ženski polni organ.

Za sve Jedinice Laži, trenutni ljubavnik nosi njeno ime.

Ali one ne znaju da on nije *ona koja jeste*.

Samo Bog (Emanuil, i onaj Drugi) može, znajući *gde je Istina*, ponovo i na potpuno savršen i različit način, *da laže*.

Lažu nasigurno, znajući da je čuvaju.

Gospodin Bog bi bio prostitutka, da je preda – kada bi *se* predao.

A kada preda *nešto drugo*, ljudi imaju neku šansu da poveruju da je rekao Istinu, jer je utoliko verovatnije da će reći neku stvar koja je do onoga što oni veruju da je Istina, da će reći nešto *smisleno* suprotno pravoj Istini, koju čuva.

Pošto je dakle siguran da ne može da govori, da bi bio shvaćen, osim ako laže, ravnodušan je prema svim lažima.

To je put prema drugom.

Ako – mu je kraći draži.

Rado daje, istovremeno, različite laži različitim bićima, pošto, ma koliko praktično bila beskonačno udaljena od njega, nisu daleko u istom smeru.

On *njih* ne laže, kad govori u skladu sa *njihovim* putem.

Nego sebe.

Kada ih laže sve zajedno, kao pauk krstaš[49] koji se odjednom udaljava od celog opsega svoje mreže, on povezuje svoje središte.

Ko, dakle, razlikuje Emanuila od Varije, one koja laže?

Žene lažu stazom školaraca.

Sa detaljima.

Analitički.

---

[49] Ženka pauka krstaša često proždire mužjaka.

Mirijam (živčani san uvek laže, odbrambenim instinktom slabića) laže u smislu Emanuilove volje.

Beleži Istinu koju on improvizuje.

Ona je, po njegovom nahođenju, apsolutna istina.

Ljudska istina je ono što čovek želi: *želja*.

Božija istina, ono što on *stvara*.

Kada je ni jedno ni drugo – Emanuil – njegova istina, to je *stvaranje njegove želje*.

XIII

MELUZINA JE KUHINJSKA SUDOPERA PERTINAKS LJUŠTI ORAHE[50]

„MEĐUČIN: Zvezde padaju s neba"

CEZAR-ANTIHRIST

Istim pokretom, kojim je Bog oduzeo svoju kost od pisara, trampom ili mačevalačkim uzajamnim udarcem, pisareva žena je Bogu ukrala Mirijam.

Mirijam je, da bi *bila*, uništavala Variju: plavokosi kapci Bogove Žene su, kao neka usta, brstili crne trepavice i obrve gospođe Žozeb i pili sve do ljubičastog talasa njene kose.

Analognom apsorpcijom se gospođa Žozeb čitava menjala u Mirijam.

Na mermernom kapku, belom. kao što mlečna kugla na lampi nagoveštava da ona prikriva zaslepljenje, Varijine trepavice posadiše *živi* osvajački plot.

Reklo bi se, crni profili bajoneta ili bilo koje stvari koja je vojnička i oštra.

Bodu iz daleka kao zraci gadne zvezde.

Očigledno je da njihovi produžeci paraju oko čim se susretnu s njim.

Brutalno džaraju ognjište apsolutne ljubavi.

Gospodin Bog, koji sve to *pojmi*, mora da je *apsolutno* lud.

Bespojamno apsolutno.

To je zagonetka.

---

[50] Citat iz *Pantagruela* (glava XXX). Vrativši se iz Pakla, Znajša priča kako je tamo video vilu Meluzinu, koja je postala služavka, i cara Pertinaksa koji je ljuštač oraha. Epigraf iz *Cezara-Antihrista* potiče, dakle, od samog Žarija.

Ono što ne odlikuje prvu reč je predmet druge.

Sve na svetu se definiše jednim ili drugim pridevom.

Gospodin Bog, kome se mozak okreće, prolazi kraj svih tačaka Varijinog putovanja k njemu.

Prevodi ih – ne može drugačije, pošto je on taj koji ih prolazi – apsolutno.

Šuma kestenova.

Trnje, plamen, perunike.

Sedam mačeva paprati u Mirijaminom srcu.[51]

Ruka osušena po veliku cenu u pisarovim strpljivim herbarijumima – za kakav je let skuvao tu slavnu ruku! – zatvara se.

Tako se pedantna i neumoljiva babura zaokružuje.

Čudovišna silovitost ruke.

– Smilujte se... –

Ne, nije to ništa.

Ne obraćajte pažnju.

Te okrugle stvari, sa tolikim šiljcima...

Samo zvezde koje padaju.

I uz to, samo one čiji je spektar zelen.

Poslednje po veličini u svakom sazvežđu.

Premda, evo na zemlji Vege, Sirijusa, Balene, Polideuka, Regulusa, Prociona i Lire – Jarca, Altaira, Severnjače, Kastora i Venere!

Da bi se prilagodile zemaljskom okruženju, sklupčavaju se pod kestenovima.

Mogli biste se prevariti da su to zeleni kljunasti ješci[52] sa kestena.

---

[51] Varijacija na često predstavljanu sliku Naše Gospe od sedam muka, Device Marije (Mirijam) srca probodenog sa sedam mačeva.

[52] Kljunasti ježak, mali sisar okruglog tela prekrivenog bodljama.

Biljni ježevi, pošto imaju boju nezrelog voća.

Kesteni su nedozrele zvezde.

Mirijam je bila bleda kao zrela zvezda...

Mrtvi biser.

Ali bodlje tih ježića gnjile dovoljno brzo, da se u njima prepozna maska Varijinih trepavica.

Veoma usavršena maska.

Uzurpirala je metod hijeroglifa Boga – Deteta.

Ide skroz oko glave.

Kao što oko statua bez zenice ne dopušta *beg* njihovom pogledu.

Vučje noge, istog oblika, s opscenom surovošću ispuštaju iz kapsule prašak od koga se umire.

Književno: drugde, farmaceuti u njih zavijaju pilule.

Smirna, zato što se od nje umire: ona balsamuje i odaje počast mrtvima.

Slavna stvar se zakopava pod nečisti zemljani omotač.

Vučje puhare.

Či...

Čistota.

Velika lasica!

Heraldička Čistota, svojom ružičastom njuškom, boje rubina, rijući iz sve snage, kao iza rešetaka, kroz gadne stvari, među bodljama ježa, smrdljive zverke, sisa.

Nevinosti se vraćaju u život.

Savojski kolač u obliku životinje, glaziran crnom čokoladom, šara se jasnoćom.

Bademi kostreše njegovu oblinu.

Bademi.

Florijanova basna:

– Orasi imaju jako dobar ukus, ali ih treba otvoriti.

...Malo rada[53]...

Gospodin Bog je jednom radio.

Borio se protiv vodiča vukova – gospodina Rakira! – stisnuo je veliku klompu sa zatupastim vrhom da je uštinu pisareva vrata.

Nije oljuštio klompu jer je bio sasvim malo dete i plašio se da vidi šta je unutra.

Noga skeleta, nema sumnje, gospodina Rakira, koju su oglodali vukovi, zveketave kosti stopala u zvučnoj šumi majušnog mrtvačkog kovčega.

– *Ta*, kaže raspon glasa.

Nož gospođe Venel vibrira.

Bademi.

Zapravo, voli li on bademe?

– Voli li me ona?

– Upravo su se voleli u kuhinji... Ja sam ono što želite.

Pronađena smirna miriše na zagorelo.

Karbunkul mitske zmije je otekao niz slivnik.

Meluzina je kuhinjska sudopera... I Pertinaks je opasan pregačom.

Sjajnom naočitošću svoje đorde, brzo, deli ježa sve do srca, gde je izvor badema čisto beli krem.

Meluzina, sirena zmijskog repa, ševinih krila, kao dete koje sluša priče, zaspala je na trenutno ljuškanje blještave stvari.

---

[53] Žari ovde citira jednu Florijanovu basnu, *Majmunica, majmun i orah.*

XIV
RAŠLJARKA LJUBAVI

– Paji, bebo, slušaj priče.
Zar nije lepa tvoja mala Šeherezada?
– Slušam.
To je lepo.
Sestro, ako ne spavate...
– Jesi li dobro?
– Dobro sam. –
Kruto je naslonjena na zid, pod uglom od četrdeset pet stepeni, kataleptična.
– Peto putovanje Sindbada Moreplovca.
Dobro slušaj, ne misli ni na šta drugo.
Žozeb nije tu.
Žozeb putuje.
Žozeb je Sindbad.
– Sindbad, da.
– Ti si morski šeik[54].
Tvoje telo je mlado, kao i moje, ali si veoma stara.

---

[54] Tri lika ovde su iz *Hiljadu i jedne noći*: Šeherezada, pripovedačica; Sindbad Moreplovac i misteriozni morski šeik. Sindbad ga opisuje, tog starca koji je pokušao da ga ubije gušeći ga nogama. Žari na to dodaje hrišćanski prizor svetog Hristifora koji prenosi dete Hrista preko reke: i njemu dete nogama steže vrat. Isti položaj zauzima „rašljarka ljubavi" koja oživljava erotski žar starog Žozeba.

Samo sam sedamsto četrnaest hiljada godina stariji od tebe.

Vrebaš usamljene putnike duž reke.

– Ja sam Sindbad.

Sindbad će doći večeras.

– Znao si ranije da ću reći svoju volju.

Daješ mu znak da te prenese na drugu stranu reke, da berete voće.

– O, breskve sočno zlatne, i grožđe kao paunov rep koji bi bio od šećera!

Ide mi voda na usta.

Dozvolite mi da obrišem usta.

– Ne tako brzo.

Nije čas za gledanje voća.

Dobro znaš časove u svojoj glavi: kao i ja, stara si kao Hronos.

U jedanaest sati uveče moraš da spavaš da bi sačekala Sindbada.

Provlačiš mu oko vrata svoja bedra čija je koža (ne zaboravimo da si morski šeik!) ista kao koža krave. –

Dobro mu stegni vrat bedrima dok bude prelazio reku.

Kada me je Hristifor prenosio na drugu stranu gaza – istina je da sam nosio svet i da zato nikada ne bih naučio da plivam, jer sam suviše težak – oslanjao se na jedno veliko drvo.

Ali Hristoforos je bio div, mladi snažni div, a Sindbad je stari nosač sede brade.

Dobro stegni Sindbadov vrat kad bude prelazio tok.

Čuvaj se!

Sindbad je prešao rečnu vodu, ali je potpuno smeten od vina, izgnječio je grožđe u tikvi, ružičasta tečnost njegove sede brade što golica...

(Više ne golica, prestani da se smeješ!)
...te fleka od pojasa do potkolenica.
– Strah me je!
Vrti mi se u glavi!
Držite me, pašću!
– Pijani Sindbad će te zbaciti sa svojih ramena, borac više ne dotiče dva ramena, suptilni navigator želi da je razbije kamenom, kao nekog raka, glavu morskog šeika!
– Strah me je...
Boli me.
– Neka stisak tvojih nogu bude smrtni steznik vratnih arterija bradatog laskavca.
Video si vrapce u zamci.
Tako će leći Sindbad.
– Gospodaru, biće tako prema vašoj volji.

Žozeb i Varija su u krevetu.
Dok se zora rađa u svojoj beloj boci (najbleđa je belina praznog kristala), pisar, duge brade krznate od pijanstva, istetura se iz radne sobe prema toj mračnijoj boci, svojoj ženi.
Nije lep za gledanje, ali Varija ga i ne vidi.
Zaspala je po naređenju zidnog sata.
Žozeb veruje da su joj oči zatvorene od grča koji savetuju njegovi poljupci.
I što naizgled dokazuje zgrčenost udova, koji stežu njegov vrat neumoljivim stiskom.
Stari Sindbad oscilira više kao klatno nego kao pijanac.
Obamrli steznik (poznat je nepravilan razvoj butnog mišića i tri butna aduktora kod žena, i da se razlikuju od muškaraca, pored ostalog, po leđnom mišiću kojeg ima samo jedan u osamnaest muškara-

63

ca) je smrtonosniji i neizbežniji od svoje gvozdene paradigme.

Ali vešanje je starčeva Mladost.

Istovremenim naporom tricepsa, mali čovek zbaci svoje uže za vešanje od krvi i mesa, i njegove su bile ruke koje su se svezale za veličinu pokoravanja, i dah iz nozdrva, dok je priljubljivao svoja usta na njena usta, probudi je.

Medeja mora da bi bila vrlo srećna da je iskusila takve efekte podmlađivanja od svog svekra.

Emanuil Bog, kroz loše zatvorena vrata, gledao je, pod mesecom odletelim u disk na plafonu van staklene tube lampe, svoje *predviđeno* delo.

Adam koji se od riganja stidi[55] – Adam XX veka – pripojiti njegovom telu polovinu koju je amputirao Drugi Bog...

Na početku.

Organ nezavisan *po prostoru* već nekoliko hiljada godina, JAJNIK, upija se u univerzalnog Čoveka, jedinstvenog,

PISARA.

Emanuil Bog se spokojno pope, *obavljenog vaznesenja*, na nebo svoje plave mansarde.

---

[55] Povraćka pijanog Pisara prekriva njegovo telo koje je dvolično (odakle stidljivo). To je, nešto više, bila „brada krznata od pijanstva".

XV
BOŽIJA ŽENA

Taenia solum[56]

Duh Božji dizaše se nad vodom[57]...

Na prozoru mansarde.

Čitave noći, glas slavuja, naslednika pisareve zanemarene testere, u unakrsno posađenim platanima Lampola, šetao je svoje dvokolice kojima je trebalo podmazivanje.

Emanuil Bog nije čuo drugo kajanje sem te nepodnošljive škripe.

Uživao je što je u njoj prepoznao drndavo približavanje Pravde.

Ali ne treba Bog (Emanuil) da Pravdinim dvokolicama udeli milostinju od jedne kapi ulja.

Drugi Bog joj je bacio žutu i slatku sunčevu suzu.

Bio je to dan posvećenja.

Emanuil Bog je dobro znao da ubistvom Varije (ubistvom stvarnijim od zračenja vaseljene po telu, izopštenjem van Apsolutnog – celim bodežom koji je mač vatre Anđela koji zatvara Raj...) nije ubio Mirijam!

NAPROTIV.

Prava Mirijam bila je izvan Varije.

---

[56] *Taenia solum*: samo zmija.
[57] Citat s početka Knjige postanja.

65

Sa svog prozora otvorenog za žutu tišinu, nad platanima i amfiteatrom kuća u Lampolu, promatrao je, na brdu iznad svega, Statuu Itron-Varije[58].

Devičina su stopala pod haljinom.

Ne vidi se da li gazi zmaja.

Postolje su joj tri stepenika i ceo jedan pijedestal od čvrstog granita.

Krivudavi puteljci se tu ravnaju, zavijaju oko brda, idu da se napiju na mlinskom potoku.

Emanuil Bog nije video gde su prestajali, prekidajući se pred *njihovom glavom*.

Zaključio je da je, što nije malo verovatno, smrvljena pod pijedestalom.

Jer se nigde puteljak nije odvajao, kao uvojak na obodu pergamenta, od tla.

Tlo je satkano od zmija.

Povorka se, kao u taj isti čas svake nedelje, odvijala, kao talas istovetnih slika brodova, te po puteljcima; te je gmizala po plišanim prekrivačima livada, motajući se, bojažljiva, preko prevoja.

Velika morska zmija Levijatan je takođe došla da prostre svoju trouglastu lobanju pod malu petu Mirijam, koja je bez napora podigla svoju čizmicu od granita.

A kada se poj sirena izgubio u vetru, od kojeg su podrhtavali, odgurnuti unazad duž puta, mali brodovi u istom ritmu u kom i leđno peraje čudovišta, dečica su dotrčavala da se igraju sa tim istim vetrom.

Njihov zmaj od papira uzdigao je svoj krst, viši i belji od onih iz povorki (kao krstovi koji pokrivaju

---

[58] Itron-Varia: Naša Gospa. Puteljci malog grada podsećaće na dijabolične zmije kojima je Devica razbila glavu. Kasnije će se pojaviti čudovišne zmije: biblijski levijatan (Knjiga proroka Isaije, 27, 1) i mitološki piton. Ovaj završetak, sve do *Zdravo, Marija*, prikazuje trijumf neiskvarene majke.

oltar za vreme Pogreba), sa uglavljenim repom poput leta ševa.

Meluzina...

Sa iznenadnom kišom, kakve su česte u Lampolu – a bolje je bilo da DRUGI BOG plače, pošto Emanuil nije *sam* imao želje za tim, vetar je prestao.

Veliki Piton zore zaronio je pod oblake, i došao da sakrije svoju ušatu glavu, kao što se zmije otrovnice prepliću jedne s drugima da bi spavale, u utočištu svih zmija.

Emanuil je sišao, i stao, po tepihu od reptila, da se moli rame uz rame sa zmajem od papira, izmenivši, s obzirom na okolnosti, svršetak svoga *Zdravo*:

– ... Molite se za nas...

U sadašnjosti, koja je čas naše smrti.

KRAJ

20. februara 1899.

APSOLUTNA LJUBAV,
JEDNOSTAVNA I SLOŽENA

Na prvi pogled domišljata maštovitost i humor, prete-če teatra apsurda u njegovim pričama i romanima, često zapada u nekoherentnost i uvrnuti simbolizam. Kad sam kretala u prevođenje, tema mi se dopala, ali mi se pri pr-vom čitanju, zbog razmišljanja o prevodilačkom poslu koji me čeka, nije mililo to što Žari simbole za tako nežne stvari, kakve su ljubav, detinjstvo i vezanost za majku, traži u tolikim životinjama i biljkama koje su meni, grad-skom detetu, potpuno strane. Sa narednim čitanjima, me-đutim, dopao mi se istraživački poduhvat koji me je nate-rao da potražim *Hiljadu i jednu noć*, *Bibliju* i *Gargantuu i Pantagruela*. Ušla sam u Žarijev svet simbola, u njegovo jevanđelje u kome je on i Bog i apostol.

Detinjstvo je jedna od glavnih tema Žarijevog stva-ralaštva, od *Kralja Ibija,* čiji je lik stvorio još u gimna-ziji, kao petnaestogodišnjak. Čeprkajući po Žarijevim biografijama, otkrivala sam jedan po jedan podatak koji me je približavao Bretoncu rođenom ravno sto godina pre mene. Kada je, posle razvoda roditelja, iz Lavala prešao u Sen Briuk i potom u Licej u Remsu, važio je za briljantnog, ali nedisciplinovanog učenika i provokato-ra. Dopalo mi se i to što je u istoriju otišao kao veliki lju-bitelj i prvi promoter apsinta, opojnog pića, silno gorkog od pelina, kojem su bili skloni francuski ukleti pesnici i kojeg je nazivao „zelena boginja".

Poznavaoci noćnog života u Beogradu znaju da su, posle „buma" kafića tokom devedesetih, poslednjih go-dina izlaske obeležile promoterke alkohola i duvana.

Devojke u mini-suknjama i mikro-šorcevima, međutim, sigurno ni ne sanjaju da je vek ranije neki tamo Žari, pisac čuvenog *Kralja Ibija* (koji im se u liku Zorana Radmilovića smeši ispred Ateljea 212 kad se u sitne sate vraćaju iz KGB-a), bio na istom zadatku kada je, zeleno obojenog lica, vozio bicikl kroz grad u čast apsinta.

Alfred Žari u *Apsolutnoj ljubavi* priča priču o svom i o detinjstvu deteta koje se igra Boga. Jedna ličnost, Emanuil Bog, istovremeno je i Hristos i dečak koji odrasta u Bretanji krajem XIX veka. On do incesta voli svoju majku, koja je istovremeno Mirijam i Varija, što su hebrejska i bretonska varijanta imena Marija. Zato je ovo i ljubavna priča, apsolutno i apsurdno, jer predmet junakove ljubavi često poprima oblik čudovišta.

Žari je jednom prilikom rekao da čudovišta smatra „neiscrpnim izvorima originalne lepote", radujući se „mešanju neskladnih elemenata". Tako su čudovišta čije obličje uzima Varija-Mirijam bojažljiva i stidljiva, mekog krzna i uplašenog pogleda, dok mnogo monstruoznije deluje podivljala priroda koja je svako malo okružuje.

Kao i svaka religija, i Žarijeva igrarija koristi simbolički jezik i slike. Za razliku od životinja i biljaka koje su na stranice *Apsolutne ljubavi* dospele zahvaljujući Žarijevom interesovanju za heraldiku, za koju je meni bilo potrebno vreme da prevaziđem odbojnost prema nepoznatim nazivima, isprepletane slike svetog Hristifora i morskog šeika odmah su mi zagolicale maštu.

Sveti Hristifor je zaštitnik putnika i, iako nije sigurno da je istorijska ličnost, junak je mnogih legendi koje ga predstavljaju kao diva koji je, pošto se preobratio u hrišćansku veru, život provodio prenoseći putnike preko reke. Jednog dana, neko dete ga je zamolilo da ga prenese, ali nasred reke, dete je postalo toliko teško da se Hristifor zateturao i požalio, a dete mu odgovori da je na leđima nosio teret čitavog sveta, i Njega koji ga je stvorio. Zato se *Hristonoša*, Χριστος φορος, najčešće predstavlja sa malim Isusom na leđima.

Sa tom slikom iz rane hrišćanske mitologije Žari prepliće doživljaj iz *Hiljadu i jedne noći*, kada je Sindbada Moreplovca na jednom ostrvu zarobio lukavi starac, zloglasni morski šeik. Sindbad je želeo da starcu pomogne i prenese ga preko potoka, ali starac nije hteo da mu siđe sa ramena, nego ga je danima mučio, tukao i terao da ga nosi svuda po ostrvu, u potrazi za voćem. Nije silazio ni noću, sve dok Sindbad jednom nije napravio vino, opio starca, zbacio ga i ubio. Kada su Sindbada pronašli putnici sa lađe koja je pristala na ostrvo, saznao je da je prvi koji je uspeo da ostane živ pošto je morskom šeiku „pao pod noge".

Uz objedinjenje ove dve priče proistekle iz različitih kultura, Žari ne propušta priliku da zbija šalu na apsurdan i ovde pomalo sentimentalan način, kada Emanuil Bog svojoj ljubljenoj Variji kaže da je na njenim bedrima „koža (ne zaboravimo da si morski šeik!) ista kao koža krave".

Apsolutna ljubav nema divlju, grotesknu satiru i farsičnost *Kralja Ibija*, ali su prisutni i neki isti elementi: igre rečima, detinji govor, proste aluzije, humor. Detinji svet se provlači skoro od samog početka, na kojem zatičemo Emanuila Boga u ćeliji za osuđenike na smrt, do kraja romana. Smenjuju se čikice, žvrljotine, zagonetke, životinjice napravljene od drveta, školski dani, herbarijumi i dečacima omiljeni mačevi i bodeži.

Apsolutna ljubav je možda najbolja osnova za upoznavanje Žarijevog života i stvaralaštva, jer u dobroj meri deluje kao ilustracija piščevog detinjstva i mladosti, a istovremeno upućuje na simbolizam (koji ovde objedinjuje njemu drage discipline poput heraldike i mitologije), na apsurd, pa čak otkriva i uticaj koji je na njega imao psiholog Pjer Žane, kroz razgovore koje neki nedefinisani, a ipak prisutni ispitivač povremeno vodi sa usnulom (hipnotisanom) majkom Emanuila Boga. Kroz priču se od prvih stranica nazire i ličnost magnetizera, koja bi takođe mogla biti taj ispitivač – vodič kroz nesvesno. Žari, čiji je roman napisan 1899, godine kada je rođena psihoanaliza, *Apsolutnom ljubavlju* nagoveštava da je bio svesniji značaja nesvesnog od samog Žanea, koji ga u svojim radovima o histeriji nije dovoljno naglasio, što je kasnije omogućilo Frojdu da mu ospori primat.

Posle *Biblije* i *Hiljadu i jedne noći*, Žari se u ovom romanu najčešće poziva na Rablea, sa kojim deli ljubav prema igrama rečima, prostačkim šalama i aluzijama na *Novi zavet*.

Negde na pola prevođenja *Apsolutne ljubavi*, počela sam da pretražujem Žarijeve biografije, tragajući za mogućim inspiracijama za njegove metafore i nalazeći ih, jednu po jednu, od detinjstva u Bretanji, preko školovanja, odrastanja kraj razvedene majke, do rasipničkog života u pariskim književnim salonima s kraja XIX i početka XX veka.

Nije mi teško da zamislim kako je, za osamnaest meseci posle smrti svoga oca 1895, spiskao čitavo nasledstvo u zelenim noćima obojenim apsintom iz kojih su u *Apsolutnu ljubav* isplivale slike čudovišnog morskog biskupa, insekata sa džinovskim antenama ili žena – velikih lasica. Saosećam sa njim dok razmišljam o tome kako je deset godina kasnije, sve siromašniji, promrzao i bolestan, noćima radio neki prevod. I kako je savršeno apsurdno to što mu je poslednji zahtev pred smrt navodno bio da mu daju čačkalicu.

Iz takve neke alkoholno narko-fantazije, zamišljam, mora da se rodio i trijumfalni prizor na kraju romana, kada posle ubistva razvratne Varije, Mirijam, Devica–pobednica, gazi zmije i uništava Zlo. Time kao da poništava sve što je moglo biti loše u edipovskom odnosu junaka/pripovedača (Žarija) sa majkom, plašljivom/čudovišnom/seksepilnom zverkom, pa se od Emanuila Boga opraštamo dok se on moli i recituje *Zdravo, Marijo „u sadašnjosti, koja je čas naše smrti"*.

Apsolutna ljubav je roman o jednostavnim stvarima, skrivenim iza simbola koji deluju veoma složeno, primetio je Patrik Besnije. Ona takođe može biti svojevrstan uvod, ili pogovor, Žarijevom najpoznatijem delu,

Kralj Ibi, jer nas nesvesno, kroz san i pomoću magneti-
zera, uvodi u detinji svet maštarija i škrabotina, profeso-
ra i školskih drugova u suknjicama, presovanih paprati i
čiodom probodenih leptira velikih krila, a kroz njega u
apsurd igri rečima i biblijskih aluzija, prisutnih u drama-
ma o Ibiju, koje je Žari nastavio da objavljuje do neko-
liko godina pred smrt.

Milica Stojković

SADRŽAJ

Izdavačko preduzeće
RAD
Beograd, Dečanska 12

*

Glavni urednik
NOVICA TADIĆ

*

Grafički urednik
MILAN MILETIĆ

*

Lektor i korektor
MIROSLAVA STOJKOVIĆ

*

Nacrt za korice
JANKO KRAJŠEK

Digitalizacija slova
DARKO STANIČIĆ

*

Za izdavača
SIMON SIMONOVIĆ

*

Štampa
Elvod-print, Lazarevac

Tiraž 1000

CIP – Каталогизација у публикацији
Народна библиотека Србије, Београд

821.133.1-31

ЖАРИ, Алфред

    Apsolutna ljubav : roman / Alfred Žari [sa francuskog prevela Milica Stojković]. – Beograd : Rad, 2005 (Lazarevac : Elvod-print). – 77 str. ; 21 cm. (Biblioteka Reč i misao ; knj. 560)

Prevo dela: L'amour absolu / Alfred Jarry. – Tiraž 1.000. – Napomene uz tekst. Str. 69–73: Apsolutna ljubav, jednostavna i složena / Milica Stojković.

ISBN 86-09-00880-0

COBISS.SR-ID 123997196

www.ingramcontent.com/pod-product-compliance
Lightning Source LLC
La Vergne TN
LVHW021617080426
835510LV00019B/2622

9788609008801